Heike Tober

Dinosaurier

Mit Illustrationen von
Johann Brandstetter

© 2020 Carlsen Verlag GmbH,
Völckersstraße 14–20, 22765 Hamburg
© I. Schmitt-Menzel / WDR mediagroup GmbH
Texte: Heike Tober
Illustrationen: Johann Brandstetter
Mausillustrationen: Ina Mertens
Frag doch mal-Logo: Udo Schöbel
Umschlagbild: Adobe Stock: warpaintcobra, 2dmolier, gunawanarief, Orlando Florin Rosu, vitaliymateha, LALSSTOCK
Bildnachweis für Innenfotos: Adobe: 4 (Denis Zaporozhtsev), 9 (EcoView), 11 (ramirezom), 27 (warpaintcobra), 30 (mrks_v), 32 (coffmancmu), 37 (Joerg Sabel), 43 li. (Roland), 43 re. (BillionPhotos.com), 50 (Björn Wylezich); Fotolia: 13 (bennytrapp), 51 (Jason Wells); GettyImages: 40 (Reuters/Mike Segar), 47 (Mark Garlick/Science Foto Library); Natural History Museum in London: 6,7; Picture Alliance: 16 (Pat Morris/ardea.com); Senckenberg-Museum/Frankfurt: 24 (Sven Träckner, Naturmuseum Senckenberg, Frankfurt am Main); Shutterstock: 25 (Alex Coan); The Future is wild/ZDF: 51 li., 51 re.
Lektorat: Christine Mildner
Redaktion: Katharina Eisele
Gestaltung und Satz: awendrich grafix, Hamburg
ISBN 978-3-551-25342-2
www.carlsen.de

Inhalt

- **4** Warum heißen Dinosaurier eigentlich »Dinosaurier«?
- **6** Wer hat den ersten Dinosaurier entdeckt?
- **8** Woher weiß man, wie Dinosaurier aussahen?
- **10** Wieso kann man heute noch Dinosaurierskelette finden?
- **12** Hatte der Allosaurus wirklich Tigerstreifen?
- **14** Warum hatte der Barosaurus so einen langen Hals?
- **16** Wie klein war der kleinste Dinosaurier?
- **18** Wann lebten die Dinosaurier?
- **24** Wozu brauchte der Lambeosaurus 700 Zähne?
- **26** Warum bekam Deinonychus den Namen »Schreckenskralle«?
- **28** Wozu hatte der Stegosaurus Stacheln am Schwanz?
- **30** Wer war der gefährlichste Dinosaurier?
- **32** Haben sich Dinosaurier um ihre Jungen gekümmert?
- **34** Welche Laute haben Dinosaurier von sich gegeben?
- **36** Warum hatte der Struthiomimus so lange Beine?
- **38** Gab es Dinosaurier, die schwimmen konnten?
- **40** Gab es fliegende Dinosaurier?
- **42** Wie alt wurden Dinosaurier?
- **44** Waren Dinosaurier dumm?
- **46** Warum sind die Dinosaurier ausgestorben?
- **48** Gibt es heute noch Tiere, die von den Dinos abstammen?
- **50** Gibt es irgendwann vielleicht mal wieder Dinosaurier?
- **52** Zahlen und Fakten
- **54** Mauslexikon*
- **55** Das Dino-ABC*

* Alle im Text farbig hervorgehobene Begriffe und Namen werden im Mauslexikon und Dino-ABC erklärt.

Warum heißen Dinosaurier eigentlich »Dinosaurier«?

Das Wort »Dino« stammt aus dem Griechischen und bedeutet »schrecklich«, »Saurier« heißt übersetzt »Echse«. »Dinosaurier« bedeutet also »schreckliche Echse«.

Als man die ersten Dinosaurierskelette näher untersuchte, stellte man fest, dass die Urzeitriesen große Ähnlichkeit mit heutigen **Echsen** haben. Zu den Echsen gehören zum Beispiel die Eidechse und der Leguan. Da die Urzeitechsen aber viel größer und gefährlicher als Eidechsen und Leguane waren, nannte man sie »schreckliche Echsen«.

Aber Achtung: Nicht jeder Saurier ist automatisch ein Dinosaurier. Dinosaurier heißen nur die Saurier, die an Land lebten. Daneben gab es auch Saurier, die im Wasser lebten, und Flugsaurier.

Leguan

Irritator

Die Dinosaurier sind die bekanntesten Saurier, vielleicht weil es unter ihnen besonders viele Riesen gab. Es gab aber auch kleine Dinosaurier. Manche waren kaum größer als ein Huhn. Auch sonst waren sie sehr unterschiedlich: Einige hatten Stacheln und Panzer, andere waren gefiedert, manche hatten kleine zahnlose Schnäbel, andere Riesengebisse mit scharfen, bananengroßen Zähnen.

Bis jetzt kennt man vermutlich nur einen sehr kleinen Teil aller Dinosaurier, die gelebt haben. Die meisten sind noch unentdeckt. Findet ein Forscher Überreste eines unbekannten Dinos, darf er sich einen Namen für ihn ausdenken.

Manche Forscher geben einem Dino ihren eigenen Namen oder den einer Person, die sie verehren. Es gibt zum Beispiel einen Dinosaurier, der »Masiakasaurus Knopfleri« heißt. Übersetzt bedeutet das »Knopflers böse Echse«. Mark Knopfler ist Gitarrist der Rockgruppe »Dire Straits«, die der Forscher toll fand.

Normalerweise sollte der Name etwas mit dem Tier zu tun haben, zum Beispiel mit seinem Aussehen, seinen typischen Eigenschaften oder seinem Fundort.

Diese Dinos wurden nach ihrem Aussehen benannt: Irritator heißt übersetzt »der Ärgernde«, Gryposaurus »Hakennasen-Echse« und Gallimimus »der Hähnchen-Nachahmer« – wegen seiner Ähnlichkeit mit einem Hahn.

Gryposaurus

Gallimimus

Wer hat den ersten Dinosaurier entdeckt ?

Kein Mensch hat jemals einen lebendigen Dinosaurier gesehen. Dass wir so viel über sie wissen, liegt an den vielen versteinerten Überresten der Dinosaurier, die Sammler und Wissenschaftler überall ausgraben. Meist finden sie nur einzelne versteinerte Knochen. Vollständige Skelette oder Schädel mit Zähnen sind sehr selten.

So stellte sich Richard Owen den Megalosaurus vor.

Der erste Dinosaurierknochen, von dem wir heute wissen, tauchte im Jahr 1677 auf. Dinosaurier waren damals völlig unbekannt, daher hielt man den Knochen für den eines Riesenmenschen.

Heute vermutet man, dass Megalosaurus so aussah.

Etwa 150 Jahre später kam der englische Forscher William Buckland auf die Idee, dass solche Riesenknochen von gewaltig großen Echsen stammen könnten. Nachdem er einen Knochenhaufen näher untersucht hatte, stellte er fest, dass sie alle zu einer einzigen Echse gehörten. Er taufte sie auf den Namen »Megalosaurus«, die »große Echse«.

Kurz darauf entdeckte die Frau des Forschers Gideon Mantell zufällig einen versteinerten Riesenzahn. Mantell vermutete gleich, dass er zu einer Riesenechse gehört haben musste. Weil er dem Zahn eines Leguans ähnelte, nannte Mantell die Echse »Iguanodon«, den »Leguanzahn«.

Erst der Wissenschaftler Richard Owen stellte 20 Jahre später fest, dass Megalosaurus und Iguanodon zwar aussahen wie Riesenechsen, sich aber von allen anderen Echsen stark unterschieden. Sie waren nicht nur größer und massiger, sondern bewegten sich auch anders fort: Sie liefen nicht auf vier Beinen, sondern konnten sich aufrichten und auf ihren zwei Hinterbeinen laufen. Owen erfand für sie den Namen »Dinosaurier«.

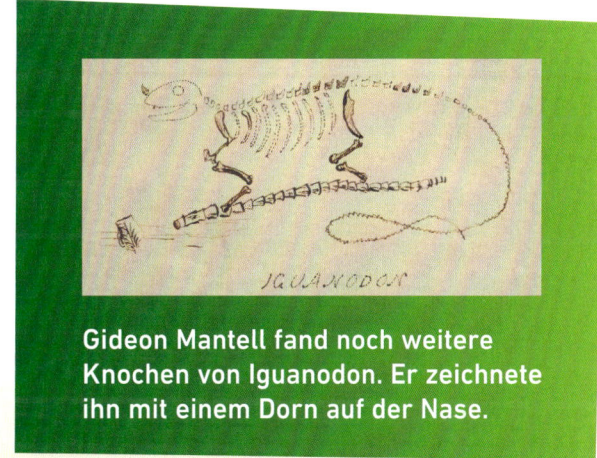

Gideon Mantell fand noch weitere Knochen von Iguanodon. Er zeichnete ihn mit einem Dorn auf der Nase.

Forscher stellten später fest, dass **Iguanodon** sogar zwei Dornen hatte. Sie saßen nicht auf der Nase, sondern an den Daumen. Mit ihnen konnte er sich gegen Feinde wehren. Vermutlich setzte er sie auch als Werkzeug ein, zum Beispiel, um Baumrinde abzuschälen.

Woher weiß man, wie Dinosaurier aussahen?

Ganz genau weiß niemand, wie die Dinosaurier aussahen. Schließlich ist außer den Knochen, Krallen und Zähnen kaum etwas von ihnen übrig geblieben. Aber Dinosaurierexperten, die Paläontologen, können an diesen Überresten sehr viel erkennen.

Wenn sie Knochen finden, versuchen sie zuerst herauszufinden, ob sie zu einem schon bekannten Dino gehören. Vermuten die Experten zum Beispiel, dass sie Knochen von einem **Triceratops** gefunden haben, vergleichen sie die neuen Fundstücke mit bereits bekannten Knochen. Vom Triceratops gibt es zum Glück schon einige vollständige Skelette. Wenn die Knochen genau gleich geformt sind, steht fest: Sie haben Triceratops-Knochen gefunden.

Manchmal versuchen die **Paläontologen** dann, die einzelnen Knochen zu einem Skelett zusammenzubauen.

Fehlen Knochen, werden sie anhand der schon vorhandenen Skelette nachgebaut und in das neu aufgebaute Skelett eingesetzt. Fertig ist das Dino-Gerippe!

Doch woher weiß man, wie muskulös Triceratops war und wie seine Haut aussah? An der Oberfläche der Knochen

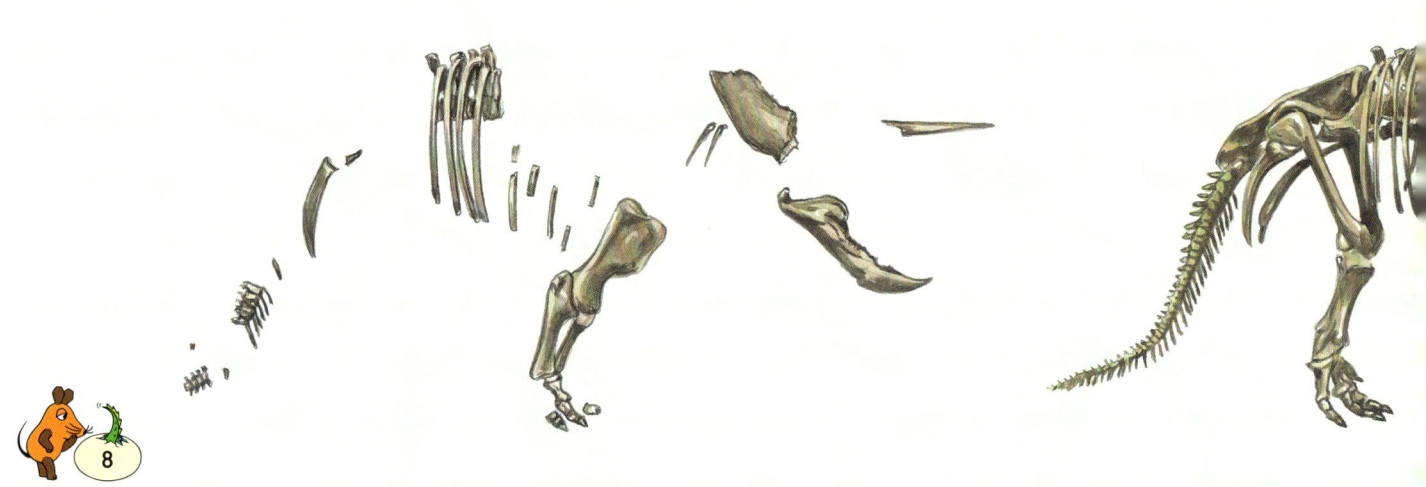

Das Skelett eines Nashorns ist dem Skelett eines Triceratops ähnlich.

können Paläontologen heute oft noch sehen, wo sich mal die Muskeln befunden haben. Schwieriger ist es mit der Haut, denn von ihr und anderen weichen Teilen wie Augen, Zunge oder Eingeweide findet man nur selten Überreste. Hier hilft nur der Vergleich mit ähnlichen, heute lebenden Tieren. Das Skelett von Triceratops hat viele Ähnlichkeiten mit dem eines Nashorns. Daher könnte auch der Rest, also zum Beispiel die Haut, ähnlich gewesen sein.

Und wenn die Knochen weder von Triceratops noch von einem anderen bekannten Dino stammen? Dann wird der Skelettbau zu einer echten Detektivarbeit. Da fast immer Knochen fehlen, können die Paläontologen oft nur vermuten, welcher Knochen wohin gehört. Dabei passieren natürlich auch Fehler. So hatte man zum Beispiel dem ersten Skelett eines **Apatosaurus**, eines pflanzenfressenden Riesendinosauriers, zunächst einen falschen Schädel aufgesetzt.

Finden die Wissenschaftler Knochen, die sie einem bestimmten Dino zuordnen können, ist es möglich die restlichen Knochen am Computer nachzubilden. Diese lassen sich dann mit einem 3D-Drucker »drucken« und zu einem vollständigen Skelett zusammensetzen.

Wieso kann man heute noch Dinosaurierskelette finden?

Normalerweise ist von einem Tier schon ein paar Jahrzehnte nach seinem Tod nichts mehr übrig. Die Dinosaurierskelette, die wir heute finden, bestehen auch nicht aus richtigen Knochen, sondern aus Stein. Die Knochen sind nämlich im Lauf von Jahrmillionen versteinert.

So eine Versteinerung funktioniert allerdings nur unter ganz bestimmten Bedingungen: Die Tiere müssen bald nach ihrem Tod verschüttet werden, zum Beispiel durch Überschwemmungen oder Sandstürme. Schlamm und Sand schließen den toten Körper ein und schützen ihn vor der Verwesung. Das könnte zum Beispiel so passiert sein:

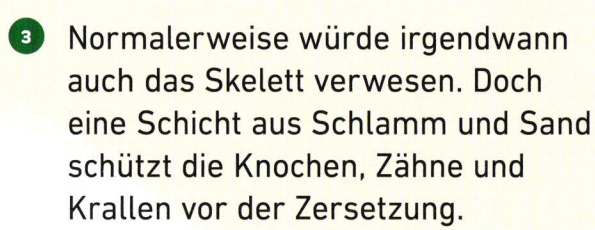

1 Ein **Tyrannosaurus Rex** stirbt in der Nähe eines Flusses.

2 Durch eine Überschwemmung wird der tote Körper nach kurzer Zeit in den Fluss gespült. Alle weichen Teile werden von Aasfressern, Fischen, Würmern oder Bakterien aufgefressen.

3 Normalerweise würde irgendwann auch das Skelett verwesen. Doch eine Schicht aus Schlamm und Sand schützt die Knochen, Zähne und Krallen vor der Zersetzung.

4 Zusammen mit Schlamm und Sand dringen **Mineralien** wie Kalk und Kieselsäure durch winzige Poren in die Knochen ein. Dadurch werden die Knochen immer härter. Im Laufe von ungefähr 15 Millionen Jahren sind sie zu Steinen geworden. Solche Steine nennt man **Fossilien**.

5 Viele Millionen Jahre später wird an dieser Stelle eine U-Bahn gebaut. Riesige Bohrer dringen bis in die unteren Gesteinsschichten vor – und plötzlich kommen die Fossilien zum Vorschein.

In den USA gibt es eine Stadt, die »Dinosaurier« heißt. Früher hieß sie Artesia. Vor 50 Jahren fand man in ihrer Umgebung so viele Dinosaurierknochen, dass die Bürger ihre Stadt kurzerhand in »Dinosaur« umbenannten. Auch einige Straßennamen wurden geändert und heißen jetzt »Stegosaurus Freeway« oder »Triceratops Terrace«.

Hier sehr ihr ein versteinertes Dinosaurier-Fossil, nachdem es ausgegraben wurde.

Fossilien kann man aber auch an der Erdoberfläche finden. Das liegt daran, dass die Gesteinsschichten mit den Fossilien oft mit der Zeit wieder nach oben gedrückt werden, zum Beispiel durch Bewegungen in der Erdkruste. Wind und Wetter legen das Gestein frei und lassen die Fossilien sichtbar werden.

Hatte der Allosaurus wirklich Tigerstreifen?

Das könnte sein, denn der Allosaurus war wie der Tiger ein Jäger. Dem Tiger helfen die Streifen, sich im hohen Gras oder dichten Wald fast unsichtbar an seine Beute anzuschleichen. Auch der Allosaurus hat sich möglicherweise im Dickicht versteckt und dort seiner Beute aufgelauert. Ein Tarnmuster war da sehr nützlich.

Niemand weiß genau, welche Farben oder Muster Dinosaurier hatten. Die Hautfarbe bleicht nach dem Tod sehr schnell aus und auch die Haut verwest innerhalb kürzester Zeit. Von ein paar Dinos weiß man, wie ihre Hautoberfläche ausgesehen hat. Man fand nämlich versteinerte Abdrücke ihrer Haut. Aber auch diese Abdrücke sind farblos.

Farben dienen im Tierreich oft einem bestimmten Zweck. Sie können ein Tier tarnen. Sie können aber auch wie bei

Vielleicht hatte der **Allosaurus** Tigerstreifen.

Wenn er bei Nacht jagte, war er mit dunkler Haut besser getarnt.

Vielleicht sah er auch so aus?

Auch heutige Tiere nutzen ihre Hautfarbe zur Tarnung, zum Beispiel das Chamäleon.

Bienen oder manchen giftigen Schlangen dazu dienen, Feinde abzuschrecken. Andere Tiere, wie zum Beispiel viele Singvögel, wollen mit ihrer Färbung genau das Gegenteil erreichen, nämlich Partner anlocken.

Ob tarnen, abschrecken oder anlocken, ihr könnt davon ausgehen, dass auch die Hautfarbe der Dinosaurier meist einen Zweck erfüllt hat. Sie waren vermutlich ähnlich farbig wie ihre heute lebenden Verwandten, die **Reptilien**.

Tsintaosaurus

Corythosaurus

Männliche Corythosaurier und Tsintaosaurier hatten möglicherweise einen farbigen Kopfschmuck, um Weibchen anzulocken.

Warum hatte der Barosaurus so einen langen Hals?

Mit neun Metern war der Hals des Barosaurus fast fünfmal so lang wie der einer Giraffe. Auch sonst war alles am Barosaurus riesig: Wenn er sich aufrichtete, konnte er eine Höhe von 15 Metern erreichen – so hoch wie ein mehrstöckiges Haus. Er gehört zur Gruppe der pflanzenfressenden Riesensaurier, der größten Landtiere, die jemals auf der Erde gelebt haben.

Um ihren massigen Körpern genug Energie zuzuführen, mussten sie am Tag mehrere Hunderttausend Blätter verdrücken. Die langen Hälse halfen ihnen dabei, denn mit ihnen erreichten sie in den Baumkronen Blätter, an die sonst kaum ein Tier herankam. Das war ein großer Vorteil, denn so mussten sie sich nicht um die Nahrung streiten.

Auch **Brachiosaurus** und **Diplodocus** gehörten zu den Riesendinos. Wegen

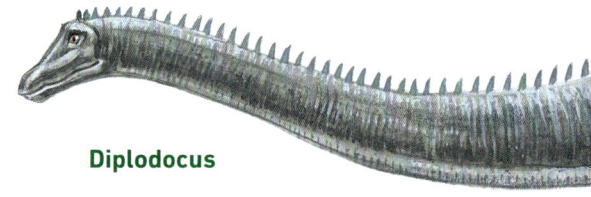

Diplodocus

ihrer massigen Körper konnten sie kaum schneller gehen als ein Fußgänger und selbst dabei wurde ihnen manchmal ganz schön heiß. Wenn sie nicht gerade fraßen oder in der Sonne dösten, nahmen sie gern zur Abkühlung ein Bad.

Manche Wissenschaftler glauben, Barosaurus hatte nicht nur ein Herz, sondern acht – sechs davon im langen Hals verteilt. Denn ein Herz allein hätte es niemals geschafft, genug Blut durch den Riesenhals bis zum Gehirn zu pumpen. Bewiesen ist das bisher allerdings nicht.

Aber meist fraßen sie – und zwar Unmengen. Brachiosaurus war einer der schwersten Dinosaurier. Manche Forscher schätzen, dass er mehr wog als zwölf ausgewachsene Elefanten! Solche Riesendinos waren so groß, dass sie kaum mit Angriffen rechnen mussten. Ein gezielter Peitschenschlag mit dem tonnenschweren Schwanz oder ein Tritt mit dem Riesenfuß – das schlug auch den hungrigsten Raubsaurier in die Flucht.

Barosaurus

Brachiosaurus

Wie klein war der kleinste Dinosaurier?

Lange Zeit galt Compsognathus als der allerkleinste Dinosaurier. Mit einer Länge von etwa 60 Zentimetern war er nicht größer als eine Katze. Sein Maul war voll scharfer Zähne und seine Lieblingsspeise waren kleine Tiere.

Doch dann entdeckten Forscher in China einen noch viel kleineren Dinosaurier. Er war nur so groß wie ein Huhn. Sie nannten ihn **Microraptor**, den »kleinen Räuber«. Seine Entdeckung war nicht nur wegen seiner Größe aufregend, sondern auch weil man an seinem Skelett ganz deutlich Federn erkennen konnte.

Forscher hatten lange geglaubt, alle Dinosaurier hätten eine schuppige Haut, ähnlich wie Eidechsen oder Schlangen. Falsch – einige hatten Federn!

Hier seht ihr ein gut erhaltenenes Compsognathus-Skelett.

Wissenschaftler vermuten heute, dass die Dinos die Federn zum Wärmen brauchten und sie ihnen als Schmuck dienten, um mögliche Partner anzulocken.

Kurze Zeit später entdeckte man in China noch einen weiteren Mini-Dino, den man **Mei long** nannte. Seinen chinesischen Namen, der übersetzt »schlafender Drache« bedeutet, verdankt er der schlafenden Stellung, in der man das Skelett fand. Das war eine Sensation, denn einen schlafenden Dino hatte es bis dahin noch nicht gegeben.

Ungewöhnlich war auch, dass er seinen Kopf zum Schlafen unter ein Vorderbein steckte – genau wie ein Vogel. Wegen der auffallenden Ähnlichkeiten vermuten viele Forscher, dass sich die heutigen Vögel aus solchen gefiederten Mini-Dinos entwickelt haben.

Microraptor schätzte man bei seiner Entdeckung im Jahr 2003 auf eine Länge von etwa 40 Zentimetern. Später fand man weitere Exemplare, die bis zu 80 Zentimeter lang waren.

Compsognathus

Das 2004 entdeckte Skelett von **Mei long** ist 53 Zentimeter lang.

Wann lebten die Dinosaurier

Die ersten Dinosaurier tauchten vor ungefähr 240 Millionen Jahren auf und die letzten verschwanden vor 65 Millionen Jahren. Sie lebten 180 Millionen Jahre auf der Erde. Diese Zeit wird Erdmittelalter genannt. Doch woher kamen die Dinosaurier eigentlich?

Das schon mal vorab: Es gibt kein Lebewesen, das einfach so plötzlich auf der Erdoberfläche erscheint. Alle Lebewesen haben Vorfahren, diese haben auch Vorfahren und so weiter. Lebewesen verändern sich im Laufe der Zeit, weil ihre Lebensbedingungen sich verändern, zum Beispiel weil es kälter wird. So etwas passiert nicht von heute auf morgen, sondern über Tausende, manchmal über Millionen von Jahren.

Erdurzeit	Erdfrühzeit	

vor 4,6 Milliarden Jahren

Die ältesten Vorfahren aller Tiere, also auch der Dinos, waren klitzekleine, bakterienähnliche Lebewesen, die im Wasser lebten. Aus ihnen haben sich nach vielen Millionen Jahren die ersten Fische entwickelt. Als mit der Zeit immer mehr bewohnbare Inseln auf der Erde entstanden, bildeten sich aus einigen Fischen Tiere, die nicht nur im Wasser, sondern auch auf dem Land leben konnten – die **Amphibien**.

Aus ihnen entwickelten sich die ersten **Reptilien**, kleine schuppige Tiere mit vier Beinen, die ähnlich wie Eidechsen aussahen. Einige von ihnen konnten schon ganz an Land leben. Daraus entwickelten sich mit der Zeit größere, krokodilähnliche Echsen: die sogenannten Thekodontier oder »Wurzelzähner«. Einige davon konnten statt auf vier auf zwei Beinen laufen. Aus ihnen entstanden schließlich die Dinosaurier.

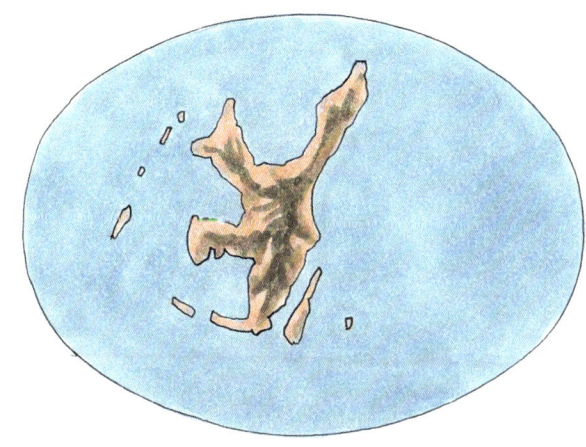

So sah die Erde am Ende der Erdfrühzeit aus: Es gab ein riesiges Meer und einen einzigen Kontinent.

Das Urreptil **Hylonomus** ist ein Urahn der Dinosaurier. Sein Name bedeutet übersetzt »Waldbewohner«. Er war so groß wie eine Eidechse.

Marasuchus (»Mara-Krokodil«) war ein Thekodontier und gilt als direkter Vorfahre der Dinosaurier.

Erdaltertum

vor 400 Millionen Jahren

vor 300 Millionen Jahren

Auf das Erdaltertum folgte das Erdmittelalter. Es wird in drei Zeitabschnitte unterteilt: Trias, Jura und Kreide. Menschen lebten zu dieser Zeit noch lange nicht, genauso wenig wie die meisten der heutigen Tiere und Pflanzen.

In der Trias sah die Erde ganz anders aus als heute. Die Erdteile waren damals noch zu einer einzigen riesengroßen Landmasse namens Pangäa verschmolzen, die sich gerade zu teilen begann. Auf Pangäa war es heiß und trocken.

In dieser Umwelt entwickelten sich die ersten Dinosaurier. Sie waren mittelgroß und bewegten sich auf zwei Beinen vorwärts. Zu ihnen gehörten Fleischfresser wie **Coelophysis** und **Eoraptor**, aber auch erste Pflanzenfresser wie **Plateosaurus** und **Melanorosaurus**.

Die Erde in der Trias

Erdmittelalter – Trias

vor 250 Millionen Jahren

Brachiosaurus

Im Jura spaltete sich Pangäa und einzelne Erdteile schoben sich auseinander. Es wurde feuchter und aus den Wüsten wurden Wälder. Durch die veränderten Lebensbedingungen konnten sich die unterschiedlichsten Dinosaurier entwickeln: gepanzerte oder stachelbesetzte Pflanzenfresser, große Fleischfresser wie **Allosaurus** oder die gigantischen, pflanzenfressenden Riesendinos.

Die Erde im Jura

Diplodocus

Stegosaurus

Compsognathus

Allosaurus

Erdmittelalter – Jura

vor 200 Millionen Jahren

Während der Kreidezeit schoben sich die Erdteile langsam an die Stellen, an denen sie heute noch sind. Aus dieser Zeit stammen die meisten Knochenfunde. Wissenschaftler vermuten daher, dass in dieser Zeit die meisten Dinos gelebt haben. Einige der Saurier starben zwar aus, aber es entstanden auch ganz neue Arten.

Die Kreide war die große Zeit der Horn- und Panzerdinosaurier wie **Triceratops** und **Ankylosaurus**. Aber auch ihre wohl schlimmsten Feinde trieben hier ihr Unwesen: der riesige Fleischfresser **Tyrannosaurus Rex** und **Deinonychus**, die »Schreckenskralle«.

Tyrannosaurus Rex

Ankylosaurus

Triceratops

Die Erde in der Kreidezeit

Corythosaurus

Tyrannosaurus rex

Triceratops

Deinonychus

Ankylosaurus

Erdmittelalter – Kreide

vor 140 Millionen Jahren

Die Dinosaurier bevölkerten die Erde fast 200 Millionen Jahre lang. Vor 65 Millionen Jahren verschwanden plötzlich alle Saurierarten, auch viele andere Tiere und Pflanzen starben aus. Das Erdmittelalter endete mit einem massenhaften Aussterben.

Warum das so war, weiß man nicht genau. Danach bildeten sich neue Arten, zum Beispiel Igel, Fledermäuse, die Vorfahren der Affen, Elefanten, Rinder, Pferde und Nashörner. Sie alle sind **Säugetiere**, – das heißt, sie gebären lebende Junge und ernähren diese mit ihrer Milch. Die Dinosaurier legten ihre Eier noch in Nester, wie die heutigen Vögel. Die Erdneuzeit wird auch das »Zeitalter der Säugetiere« genannt.

Erst vor etwa 100.000 Jahren entstand der heutige Mensch, der Homo sapiens sapiens.

Die Erde während der letzten Eiszeit, die vor 11.700 Jahren endete

Urlaufvogel Diatryma

Mammut

menschliche Siedlung

Urpferd Hyracotherium

Erdneuzeit

vor 65 Millionen Jahren

vor 100.000 Jahren

Wozu brauchte der Lambeosaurus 700 Zähne?

Zum Kauen hätten ihm bestimmt 100 Zähne ausgereicht. Aber Lambeosaurus brauchte die anderen als Ersatzzähne, denn er hatte ein Problem: Zahnausfall.

Das lag daran, dass er seine Zähne wie eine Reibe einsetzte: Wenn er sich mit dem Schnabel ein paar Blätter abgerupft hatte, zerrieb er sie anschließend mit seinen rauen und kantigen Zähnen zu Brei. Durch das viele Malmen nutzten sich die Zähne schnell ab und fielen dann aus. Für Lambeosaurus war das nicht sehr schlimm – an die leeren Stellen schoben sich sofort neue Zähne. Ganz schön praktisch, oder?

Die Zähne eines Lambeosaurus lagen wie bei diesem Gebiss in mehreren Reihen übereinander.

Auch andere Pflanzenfresser mussten ihre harte Blätternahrung irgendwie kleinkriegen. **Brachiosaurus** zum Beispiel hatte zwar nicht so tolle Reibeisenzähne wie Lambeosaurus, kannte dafür aber einen Trick: Er schluckte Steine, die im Magen wie Mahlsteine wirkten. Nach einer Blättermahlzeit fingen die Muskeln in der Magenwand an zu arbeiten. Sie setzten die Steine in Bewegung, diese zerrieben die harten Blätter zu einem grünen Brei. Genau so zerkleinern übrigens auch heute noch Hühner ihre Nahrung.

Lambeosaurus

Einen besonderen Fund machten Forscher im Kiefer eines Tyrannosaurus Rex: Sie fanden dort einen Zahn, der ihm gar nicht gehörte. Wahrscheinlich hatte ein anderer T-Rex ihm bei einem Kampf in die Backe gebissen und dabei diesen Zahn verloren. Den Beißer störte das nicht weiter, denn auch Tyrannosauriern wuchsen ausgefallene Zähne einfach wieder nach.

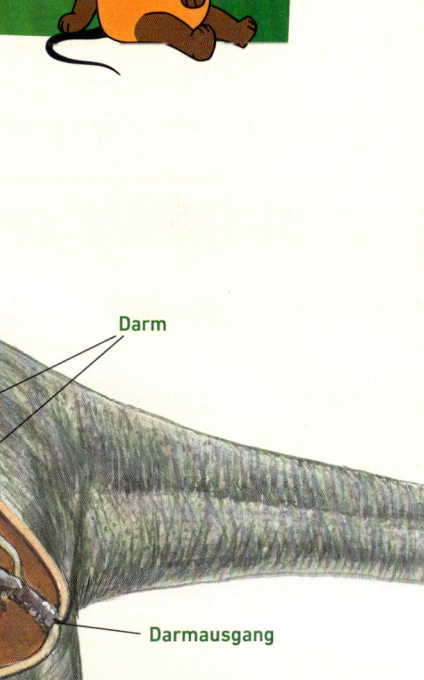

Brachiosaurus

- Speiseröhre
- Magen
- Magensteine
- Darm
- Darmausgang

Dieser Stein ist kein Magenstein, sondern ein Koprolith, ein echter Dino-Kothaufen, nur eben versteinert. Manchmal erkennt man in solchen Kotsteinen noch Abdrücke von Pflanzen oder Knochen. So kann man ablesen, was die Dinos gefressen haben.

Warum bekam Deinonychus den Namen »Schreckenskralle«?

Als der Paläontologe John Ostrom die ersten versteinerten Knochen von Deinonychus entdeckte, staunte er nicht schlecht: Nie zuvor hatte er bei einem Saurier so große Krallen gesehen. Daher gab er ihm den Namen »Deinonychus«, übersetzt die »Schreckenskralle«.

Deinonychus war zwar mit drei Metern Länge kein fleischfressender Riese, aber trotzdem einer der gefährlichsten Dinosaurier der Kreidezeit. Aus seinem Maul bleckten säbelartige Zähne und an seinen Greifhänden saßen lange, kräftige Klauen. Seine gefährlichste Waffe waren die zwei langen Sichelkrallen. Wenn er sich auf ein Beutetier stürzte, ließ er sie wie Klappmesser heruntersausen und

Deinonychus

Mit dem fast steifen Schwanz konnte Deinonychus ruckartige Bewegungen ausbalancieren und sich abstützen.

hakte sich damit an ihm fest. Abschütteln unmöglich!

Um größere Tiere allein zu töten, war Deinonychus zu klein. Doch er war schlau genug, um sich mit anderen Deinonychus zusammenzutun. Im Rudel konnten sie Dinos reißen, die bis zu viermal so groß waren als sie selbst. Sie griffen dabei ihr Opfer von allen Seiten an und schnitten ihm so den Fluchtweg ab.

So eine »Schreckenskralle« hatte nicht nur Deinonychus. Sie war das Kennzeichen einer ganzen Gruppe von kleinen fleischfressenden Dinos, zu denen auch **Velociraptor** gehörte.

Die zwei Riesenkrallen konnten bis zu 12 Zentimeter lang werden. Beim Laufen klappte Deinonychus sie hoch. Auf diese Weise wurden sie nicht stumpf.

Velociraptor war etwas kleiner als Deinonychus, konnte aber schneller rennen. Man glaubt heute, dass Velociraptor und möglicherweise auch Deinonychus Federn am Körper hatten.

Saurolophus

Wozu hatte der Stegosaurus Stacheln am Schwanz?

Eines ist klar: Nur zur Zierde schleppte er die langen, spitzen Stacheln nicht herum. Stegosaurus sieht gefährlich aus, war aber ein Pflanzenfresser. Er hatte viele Feinde, gegen die er sich zur Wehr setzen musste. Der Stachelschwanz war seine wichtigste Waffe: Wenn er von einem Fleischfresser angegriffen wurde, schleuderte er diesen gegen ihn. So konnte er Angreifern tiefe und oft tödliche Wunden zufügen.

Die stacheligen Knochenplatten auf seinem Rücken halfen ihm dagegen bei einem Angriff nicht viel. Wissenschaftler vermuten, dass sie voller Blutgefäße waren. Jeder Stoß hätte da wehgetan. Wahrscheinlich nutzte Stegosaurus diese Platten, um Wärme aufzunehmen oder abzugeben. Wenn ihm kalt war, drehte er die Platten in die Sonne und wärmte sich dadurch auf. War ihm zu warm, stellte er sie möglicherweise gegen den Wind und kühlte sich so ab.

Allosaurus

Stegosauru

Auch **Ankylosaurus** hatte einen gefährlichen Schwanz, denn daran hing eine schwere knöcherne Keule. Kam ihm ein Raubsaurier zu nah, holte er damit kräftig aus und verpasste dem Angreifer einen gezielten Schlag. Das brachte auch den größten **Tyrannosaurus Rex** aus dem Gleichgewicht und hat sicher für einige üble Knochenbrüche gesorgt.

Ankylosaurus war zusätzlich geschützt durch seine dicke Panzerhaut. Sie bewahrte ihn vor Verwundungen durch Bisse und Krallen. Nicht einmal ein **Deinonychus** konnte ihm mit seiner »Schreckenskralle« etwas anhaben. Im Gegenteil: Deinonychus hätte bei einem Angriff riskiert, sich die Krallen abzubrechen.

Ankylosaurus gehört zu den am besten gepanzerten Tieren aller Zeiten – selbst seine Augenlider hatten Knochenplatten!

Auch Horndinosaurier wie **Centrosaurus**, **Triceratops** oder **Styracosaurus** waren durch ihre Hörner, Stacheln und Nackenschilde gut gegen Angriffe gerüstet. Wenn sich Angreifer näherten, stellten sie sich schützend um ihre Jungen und richteten ihre Hörner stoßbereit nach außen.

Der Nackenschild schützte den empfindlichen Hals.

langes, spitzes Nasenhorn

Centrosaurier

Wer war der gefährlichste Dinosaurier?

Tyrannosaurus Rex galt lange als der gefährlichste Dinosaurier, der jemals auf der Erde gelebt hat. Sein Name bedeutet übersetzt »König der Tyrannenechsen«. Mit einer Länge von bis zu 15 Metern war er einer der größten Fleischfresser. In seinem gewaltigen Kiefer saßen ungefähr 60 riesige, dolchartige Zähne. Versuche haben gezeigt, dass er damit problemlos ein Auto hätte zermalmen können.

Die Zähne eines **Tyrannosaurus Rex** konnten bis zu 30 Zentimeter lang werden.

Aber war er wirklich so gefährlich? Man weiß zwar, dass er andere Dinos gefressen hat, denn man hat seine Zahnabdrücke schon häufig an anderen Skeletten gefunden. Aber hat er seine Beute tatsächlich selbst gejagt?

Einige Forscher glauben inzwischen, dass er sich möglicherweise lieber an Aas bediente, also an toten Tieren, die von anderen gerissen worden waren.

Vielleicht tat er aber auch beides: selber jagen und anderen Räubern die Beute wegfressen.

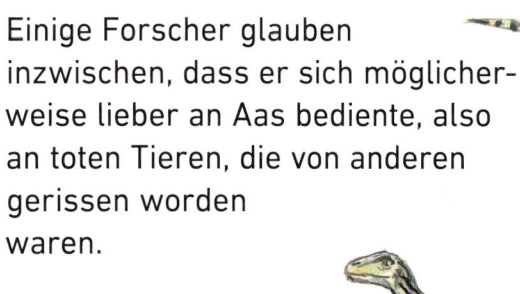

Die größten Fleischfresser waren also nicht unbedingt auch die gefährlichsten. Bedrohlicher waren wahrscheinlich die kleineren Räuber wie Deinonychus und Velociraptor. Sie waren flink, wendig und jagten meist im Rudel.

Tyrannosaurus Rex war bis zu sechs Meter hoch und wog mit acht Tonnen fast so viel wie zwei große Elefanten.

1. Die messerscharfen Zähne waren so groß wie Bananen. Kauen konnte er damit aber nicht. Er würgte die Fleischbrocken unzerkaut hinunter.

2. Dank seiner muskulösen Oberschenkel konnte Tyrannosaurus Rex immerhin so schnell rennen wie ein Elefant, bis zu 40 km/h.

3. Mit dem Schwanz hielt er das Gleichgewicht.

!

Die Arme des Tyrannosaurus Rex waren so kurz, dass er seine Beute damit nicht greifen konnte. Aber das brauchte er auch nicht, denn er erledigte alles mit seinem riesigen Maul. Vermutlich benutzte er die Arme aber, um sich auf seiner Beute abzustützen.

Haben sich Dinosaurier um ihre Jungen gekümmert?

Vermutlich haben sich Dinosaurier nicht viel um ihre Jungen gekümmert, ähnlich wie heutige Reptilien. Sie haben vor allem dafür gesorgt, dass die Eier ein warmes und sicheres Plätzchen hatten.

Die meisten Dinos bauten wahrscheinlich Nester und legten ihre Eier hinein, die fußballgroß sein konnten. Besonders viele Nester hat man von den Maiasauriern gefunden. Diese Pflanzenfresser haben sich nicht zum Brüten auf ihre Eier draufgesetzt, dazu waren sie viel zu schwer. Um die Eier warmzuhalten, bedeckten sie die Nester mit einer Schicht aus Erde und Pflanzen. Wenn Pflanzenreste verrotten, entsteht nämlich Wärme.

Vor ungefähr 30 Jahren wurde ein aufsehenerregender Fund gemacht: Man entdeckte ein Maiasaurier-Nest, in dem sich nicht nur Eier befanden, sondern auch versteinerte Babyskelette. Die frisch geschlüpften Jungen waren ungefähr 35 Zentimeter groß, hatten aber noch sehr schwache Beine. Damit konnten sie unmöglich das Nest verlassen und sich selbst Nahrung suchen. Also muss sie jemand gefüttert haben: ihre Eltern! Das war der Beweis: Es gab auch Dinosaurier, die sich um ihre Jungen gekümmert haben.

Versteinerte Dinosaurier-Eier

Bei vielen Dinos waren die Jungtiere beim Schlüpfen fast vollständig entwickelt. An Skeletten kleiner Tyrannosaurier hat man gesehen, dass sie bereits ziemlich lange Zähne und Schnauzen hatten. Es könnte also sein, dass sie nach dem Schlüpfen sofort allein jagten. In dem Fall mussten sich ihre Eltern nicht weiter um die Jungen kümmern.

Maiasaurier-Nest

Welche Laute haben Dinosaurier von sich gegeben

Dinosaurier waren sicher nicht stumm. Wissenschaftler vermuten, dass sie ähnliche Laute von sich gegeben haben wie heutige Reptilien. Das Krokodil zum Beispiel, ein naher Verwandter der Dinos, verständigt sich durch Zischen, Brüllen oder Grunzen. Auch Echsen und Schlangen zischen, wenn sie sich bedroht fühlen.

Genaueres wissen die **Paläontologen** nur über die Laute von einigen Entenschnabeldinosauriern, einer Gruppe pflanzenfressender Dinos, die nach ihrem breiten Schnabel benannt sind.

Parasaurolophus zum Beispiel hatte ein langes, hohles Horn auf dem Kopf. Wenn er kraftvoll durch die Nase ausatmete, erzeugte er mit dem Horn einen lauten, tiefen, durchdringenden Ton, ähnlich einem Nebelhorn.

Parasaurolophus

Versuche mit nachgebauten Schädeln haben gezeigt, dass der Ton umso tiefer wird, je größer das Horn ist. So hatte jedes Tier seinen eigenen, typischen Ton.

Wenn ein Parasaurolophus in sein Kopfhorn blies, wollte er damit wahrscheinlich meistens seine Artgenossen warnen. Parasaurolophus lebten nämlich in Herden. Da sie in gebückter Haltung grasten, hätten sie einen Feind erst spät bemerkt. Deshalb hielt einer Wache und warnte die anderen bei Gefahr mit einem lauten Ruf. Möglicherweise fing dann die ganze Herde an zu tröten. Ihr könnt euch vielleicht vorstellen, was für ein ohrenbetäubender Lärm dabei entstand. Bestimmt hat schon allein dieser Krach viele Angreifer in die Flucht geschlagen.

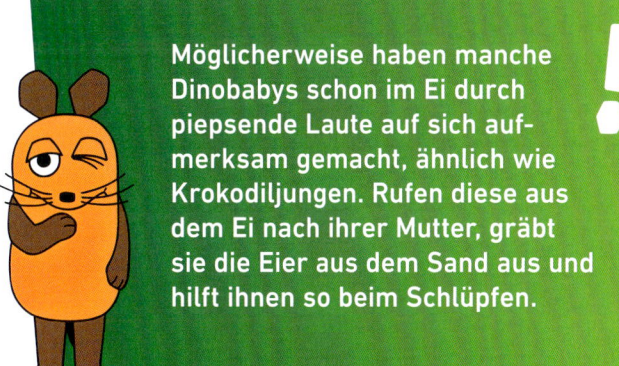

Möglicherweise haben manche Dinobabys schon im Ei durch piepsende Laute auf sich aufmerksam gemacht, ähnlich wie Krokodiljungen. Rufen diese aus dem Ei nach ihrer Mutter, gräbt sie die Eier aus dem Sand aus und hilft ihnen so beim Schlüpfen.

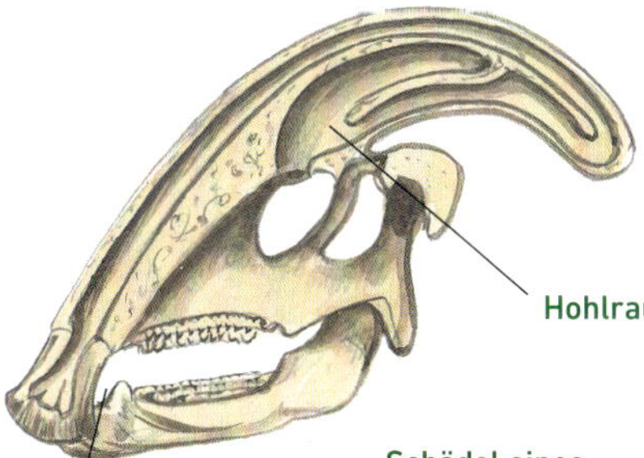

Schädel eines **Parasaurolophus**

Hohlraum

Maul

Edmontosaurus konnte die Haut auf der Oberseite seiner Nase wie einen Ballon aufblasen, so erzeugte er ein ziemlich lautes, hupendes Geräusch.

Warum hatte der Struthiomimus so lange Beine?

Struthiomimus hatte weder scharfe Zähne noch lange Krallen, mit denen er sich verteidigen konnte. Aber er hatte lange Beine, mit denen er richtig schnell laufen konnte – möglicherweise bis zu 80 km/h, schneller als ein Rennpferd. Kein Angreifer konnte ihn einholen, wenn er davonraste.

Doch woher kennt man die Geschwindigkeit von Dinosauriern? Wissenschaftler können die Schnelligkeit von Dinos ziemlich genau anhand ihrer versteinerten Fußabdrücke herausfinden. Solche Fußabdrücke entstehen ähnlich wie Knochenversteinerungen: Die Abdrücke erhärten in der Sonne, werden mit Sand- und Schlammschichten bedeckt und versteinern so im Lauf von Jahrmillionen. Die versteinerten Fußspuren werden von Wissenschaftlern vermessen. Die Länge, Form und Tiefe des einzelnen Abdrucks und der Abstand der Fußabdrücke voneinander sind für sie sehr aufschlussreich.

Struthiomimus sieht mit seinen langen Beinen, dem langen, dünnen Hals und dem kleinen Kopf dem Vogel Strauß sehr ähnlich.

Versteinerte Fußabdrücke von Dinosauriern

Apatosaurus

Wenn die Forscher noch dazu die Beinlänge und den Körperbau des Tieres kennen, können sie anhand von Vergleichen mit heute lebenden Tieren ziemlich genau abschätzen, wie schnell ein Dino lief. Fußspuren geben auch Hinweise darauf, wie groß und schwer ein Dino war und wie er lebte.

In Davenport in den USA entdeckte man die Spuren einer Herde von **Apatosauriern**. Seitdem weiß man, dass sie zumindest zeitweise in Herden lebten. An den Spuren erkannte man auch, dass die jungen Tiere immer in der Mitte gingen, im Schutz der Erwachsenen. Ähnlich schützen Elefanten heute ihre Jungen.

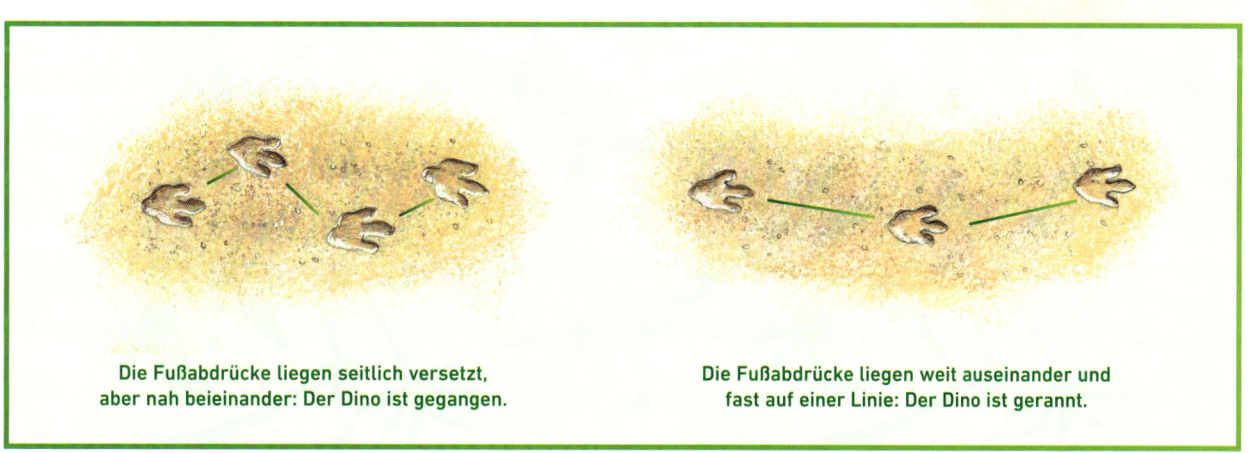

Die Fußabdrücke liegen seitlich versetzt, aber nah beieinander: Der Dino ist gegangen.

Die Fußabdrücke liegen weit auseinander und fast auf einer Linie: Der Dino ist gerannt.

Gab es Dinosaurier, die schwimmen konnten?

Die meisten Dinosaurier waren keine guten Schwimmer. Man vermutet, dass manche Dinos jedoch so gut schwammen, dass sie Meeresfische fangen konnten. Aber das war wohl die Ausnahme. Ansonsten plantschten sie im Wasser herum, um sich abzukühlen.

Dinosaurier lebten nicht im Meer. Stattdessen tummelten sich dort Meeressaurier. Sie hatten nicht Kiemen wie Fische, sondern Lungen und mussten zum Atmen an die Wasseroberfläche kommen – ähnlich wie Wale und Delfine.

Zu den ersten Meeressauriern gehörten in der Trias die Fischsaurier, auch Ichthyosaurier genannt. Sie sahen heutigen Delfinen sehr ähnlich, waren aber viel größer. Die Plesiosaurier, auch »Paddelechsen« genannt, tauchten im Jura auf und sahen den Dinos etwas ähnlicher. Beim Schwimmen bewegten sie ihre Flossen auf und ab und paddelten so durchs Meer. Es gab Plesiosaurier mit langen Hälsen und kleinen Köpfen und solche mit kurzen Hälsen und großen Köpfen. Die Kurzhals-Plesiosaurier jagten auch Dinosaurier, die sich ans Ufer oder ins Wasser wagten.

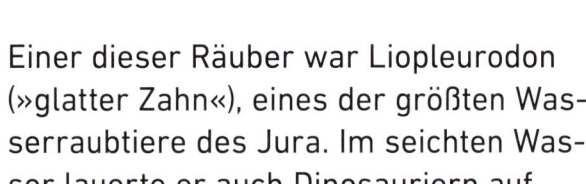

Einer dieser Räuber war Liopleurodon (»glatter Zahn«), eines der größten Wasserraubtiere des Jura. Im seichten Wasser lauerte er auch Dinosauriern auf.

Der Himalayasaurus wurde in der Nähe des Mount-Everest im Himalaya-Gebirge entdeckt. Der Mount Everest ist der höchste Berg der Welt. Zu Lebzeiten des Fischsauriers muss dort, wo heute ein Gebirge ist, ein Meer gewesen sein.

Gab es fliegende Dinosaurier?

Einige Dinos hatten zwar Federn, die sie gegen Kälte schützten. Und es gab auch ein paar Dinos mit Flügeln. Richtig fliegen konnten sie damit aber nicht, genauso wenig wie heute der Vogel Strauß.

Wahrscheinlich konnten sie mit den Flügeln gleiten. Sie konnten also weiter springen und sanfter landen als andere Dinos. Möglicherweise war ihnen das Gleiten auch bei der Jagd auf kleine Tiere von Nutzen. Sie konnten sich in Bäumen verstecken und dann von oben auf ihre Opfer springen. Ganz genau weiß man das aber nicht.

Fliegende Dinosaurier gab es nach bisherigem Wissen nicht. Dafür bevölkerte eine andere Sauriergruppe die Luft: Pterosaurier, die Flugsaurier. Sie hatten keine gefiederten Flügel wie die Vögel, sondern ledrige Hautflügel, wie Fledermäuse. Ihre Flughaut spannte sich bis über den vierten Finger ihrer Hand. Schon durch die kleinste Bewegung mit

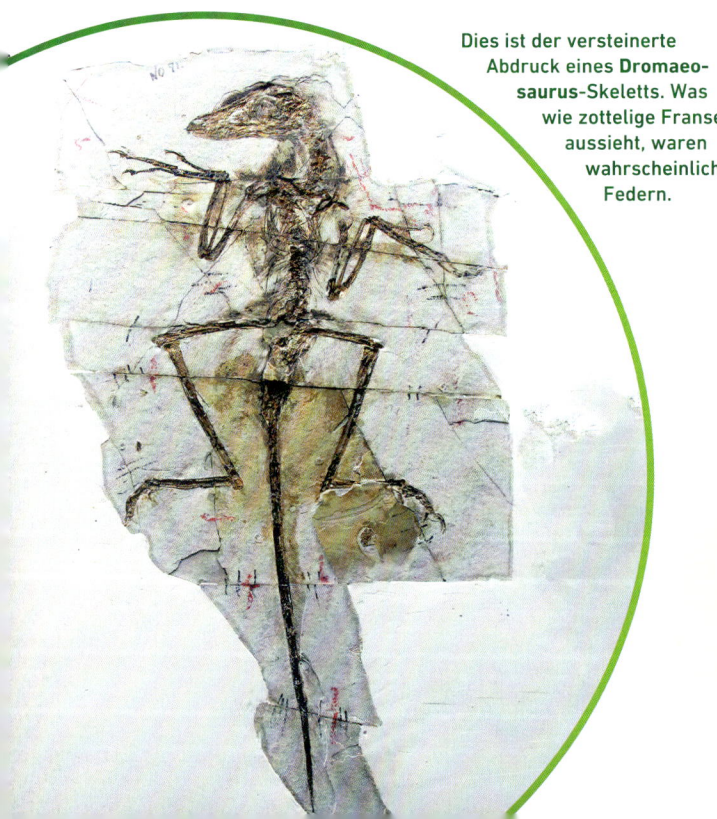

Dies ist der versteinerte Abdruck eines **Dromaeosaurus**-Skeletts. Was wie zottelige Fransen aussieht, waren wahrscheinlich Federn.

Dieser gefiederte Dinosaurier verdankt seinen Namen seinen auffälligen Nagezähnen: **Incisivosaurus**, die »Schneidezahn-Echse«.

diesem Finger konnten sie ihre Flugrichtung ändern. Flugsaurier ernährten sich von Fischen. Sie flogen ganz dicht über der Wasseroberfläche, bis sie einen Fisch erspähten. Dann schnappten sie ihn blitzschnell aus dem Wasser.

Wie bei allen anderen Sauriern gab es auch unter den Flugsauriern wahre Riesen – Ornithocheirus war so groß wie ein kleines Flugzeug.

Flugsaurier waren neben den Insekten die ersten Lebewesen, die mit ihren Flügeln fliegen konnten. Die ersten Flugsaurier tauchten schon in der Trias auf. Doch auch sie verschwanden wie die Dinosaurier und Meeressaurier 200 Millionen Jahre später wieder von der Erde.

Ornithocheirus, die »Vogelhand«

Flughaut

vierter Finger

Pteranodon, der »zahnlose Flieger«

Sordes pilosus, der »haarige Dämon«

Wie alt wurden Dinosaurier?

Diese Frage können die Wissenschaftler bis heute nicht genau beantworten. Wie immer, wenn sie ratlos sind, suchen sie bei den heutigen Verwandten der Dinosaurier nach möglichen Antworten: bei den Reptilien.

Viele Reptilien können sehr alt werden, besonders die größeren Arten: Krokodile bis zu 100 Jahre und manche Riesenschildkröten sogar bis zu 150 Jahre. Daher vermuten die Wissenschaftler, dass auch die größeren Dinos sehr alt werden konnten. Kleine Dinos wurden wahrscheinlich nur zwischen 5 und 20 Jahre alt.

Vielleicht ist es irgendwann auch möglich, das Alter der Dinos anhand der Knochen zu bestimmen. Forscher haben nämlich herausgefunden, dass die Dinoknochen Wachstumsringe haben, an denen man ihr Alter ablesen könnte – genau wie Bäume. Das Problem ist nur: Man weiß noch nicht genau, ob ein Ring für ein Lebensjahr steht. Wenn das so wäre, könnte zum Beispiel ein Tyrannosaurus Rex 30 bis 40 Jahre alt geworden sein.

Schneidet man einen Dinosaurierknochen quer durch, lassen sich ähnliche Wachstumsringen wie bei diesem Querschnitt eines Baumstammes erkennen.

Größere Dinos wie **Brachiosaurus** konnten wahrscheinlich bis zu 150 Jahre alt werden.

Riesenschildkröten können sehr alt werden. Es soll schon eine gegeben haben, die angeblich 250 Jahre alt wurde.

Doch kaum ein Riesendino wird genauso alt geworden sein wie die heutigen Riesenschildkröten. In ihrer natürlichen Umgebung sterben Tiere selten an Altersschwäche. Die meisten Dinosaurier wurden wahrscheinlich gefressen, bevor sie alt werden konnten, oder starben bei einem einen Unfall oder einer Naturkatastrophe.

Die Dinos konnten auch krank werden. Was für Krankheiten sie hatten, weiß man nicht genau. An den Knochen lassen sich nur Knochenkrankheiten feststellen, die häufig vorkamen. Viele Dinos litten an Knochen- und Gelenkentzündungen wie Arthritis, Rheuma oder Gicht. Das sind Krankheiten, die auch bei Menschen vorkommen. Sie sind nicht lebensbedrohlich, doch konnte ein erkrankter Dino vermutlich nicht mehr so schnell laufen und wurde deshalb für andere eine leichte Beute.

Manchmal kann man an den Knochen auch Brüche und Bissabdrücke von anderen Tieren erkennen. Woran ein Dino gestorben ist, lässt sich am Skelett selten erkennen.

Waren Dinosaurier dumm?

Mit Sicherheit gab es nie Dinosaurier, die ein so kompliziertes und ausgefeiltes Gehirn besaßen wie der Mensch. Dabei hatten manche Dinos riesige Köpfe, in denen viel Platz für Gehirnmasse gewesen wäre. Der Kopf des Tyrannosaurus Rex war zum Beispiel über einen Meter lang. Und der vom Triceratops war über zwei Meter lang. Durch Untersuchungen der Hohlräume in den Schädeln hat man aber festgestellt, dass die Gehirnmasse im Verhältnis zum Schädel winzig war.

Trotzdem schafften es beide Arten, viele Millionen Jahre zu überleben. Weder Tyrannosaurier noch Triceratopse sind während dieser Zeit alle verhungert oder haben sich von anderen verdrängen lassen. Das hatte Tyrannosaurus Rex seiner Kraft und Größe zu verdanken und Triceratops seinen spitzen Hörnern.

Doch es gab ein paar Dinos, die waren schlauer als andere: die kleinen, schnellen Jäger. Einer der intelligentesten war **Troodon**. Sein Gehirn war im Verhältnis zu seinem Körper sehr schwer und groß. Sehr gut entwickelt war das Sehzentrum, also der Bereich, der für das Sehen zuständig ist. Seine Augen saßen etwas

Kampf zwischen zwei **Pachycephalosauriern**

Troodon

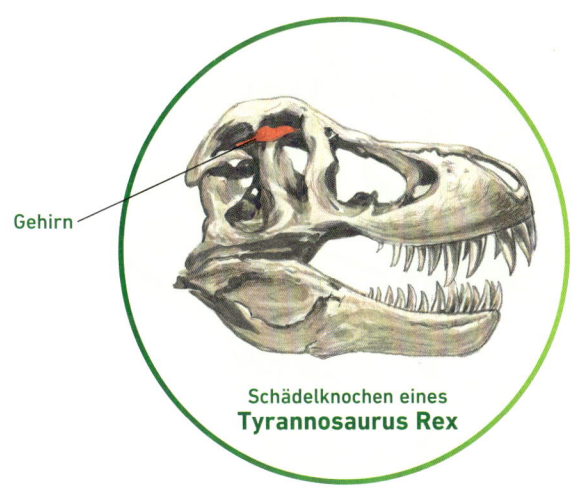

Gehirn

Schädelknochen eines **Tyrannosaurus Rex**

weiter vorn, ähnlich wie beim Menschen. Dadurch konnte er genauer erkennen, was vor ihm lag. Auch wenn er besser sehen konnte als andere Dinos: Intelligenter als ein heutiger Vogel war er sicher nicht.

Die **Pachycephalosaurier** hatten zwar keine besonders schlauen, dafür aber sehr dicke Köpfe. Ihre Schädeldecke war bis zu 25 Zentimeter dick! Das brauchten sie auch, denn sie benutzten ihre Schädel als Rammböcke.

Gab es Ärger mit einem anderen Pachycephalosaurier, rasten sie mit einer Geschwindigkeit von bis zu 35 km/h aufeinander zu und ließen die Köpfe so lange gegeneinanderkrachen, bis einer aufgab und sich davonschlich.

Stegosaurus hatte wahrscheinlich das kleinste Gehirn unter den Dinosauriern. Er konnte zwar bis zu neun Meter lang werden, doch sein Gehirn war nur so groß wie eine Walnuss.

Warum sind die Dinosaurier ausgestorben?

Über diese Frage grübeln Forscher schon lange nach. Fest steht, dass alle Dinosaurier am Ende der Kreidezeit vor 65 Millionen Jahren von der Erde verschwunden sind. Und nicht nur die Dinos verschwanden, sondern mit ihnen weit über die Hälfte aller damaligen Tiere und Pflanzen. Was war da bloß geschehen?

Die meisten Wissenschaftler glauben heute, dass ein plötzlicher Klimawechsel für das massenhafte Aussterben der Dinosaurier verantwortlich war. Es wurde viel kälter und es gab weniger Sonnenlicht. Wahrscheinlich hat der Einschlag eines **Asteroiden** auf der Erde den plötzlichen Klimawechsel mit verursacht.

Das könnte so passiert sein: Durch den Aufschlag des Asteroiden wurden sehr viel Staub und andere Stoffe in die Luft geschleudert, die sich überall verteilten.

Auch lang anhaltende Vulkanausbrüche könnten mit zum Aussterben der Dinosaurier beigetragen haben. Giftige Gase waren in der Luft, was ihre Lebensbedingungen verschlechtert haben könnte.

So könnten die Vorfahren der heutigen Mäuse ausgesehen haben. Sie gehörten zu den ersten Säugetieren.

Torosaurier

Das führte dazu, dass sich der Himmel monatelang verdunkelte und viel weniger Sonnenlicht die staubige Luft durchdrang. Auf der Erde wurde es viel kälter und wechselhafter. Viele Pflanzen vertrugen das neue Klima nicht und gingen ein.

Der Temperaturwechsel kam wahrscheinlich so plötzlich, dass sich die Pflanzenfresser unter den Dinos nicht auf die neue Nahrung umstellen konnten. Also verhungerten sie. Da sich die Fleischfresser von ihnen ernährten, verhungerten diese schließlich auch.

Sicherlich vertrugen auch die Dinosaurier selbst die Kälte nicht gut. Es könnte sein, dass Ihre Jungen schlechter wuchsen oder sich nicht entwickelten, weil die Eier im Nest zu kalt wurden.

Der Chicxulub-Krater in Mexiko hat einen Durchmesser von 180 Kilometern. Er ist durch den Einschlag des Asteroiden entstanden, der hier vor ungefähr 65 Millionen Jahren auf die Erde traf und die Hauptursache für das Aussterben der Dinos gewesen sein könnte.

Edmontosaurier

Gibt es heute noch Tiere, die von den Dinos abstammen?

Was auch immer der Grund für das Aussterben der Saurier gewesen ist, eins weiß man heute genau: Es hat sie alle erwischt. Auch von den Flug- und Meeressauriern überlebte keine einzige Art. Aber es gab auch Tiere, die überlebt haben. Unter ihnen waren vor allem kleinere Tiere wie Eidechsen, Vögel, Insekten und kleine Säugetiere.

Vielleicht haben sie überlebt, weil sie klein genug waren, um in Höhlen und Erdlöchern Schutz zu suchen. Nur wenige größere Tiere haben das Ende der Kreidezeit überlebt, zum Beispiel Meeresschildkröten und Krokodile. Krokodile sehen Dinos zwar ähnlich, doch sie stammen nicht von ihnen ab, sondern haben nur gemeinsame Vorfahren.

Das größte heute lebende Krokodil ist das Nilkrokodil. Es kann bis zu sechs Meter lang werden.

Deinosuchus, das »schreckliche Krokodil«, fraß auch kleinere Dinosaurier. Es wurde möglicherweise bis zu 15 Meter lang.

Der Fuß eines Huhns hat wie der Fuß eines **Tyrannosaurus Rex** drei nach vorn weisende Zehen und einen Zeh, der nach hinten zeigt. Stellt euch beim Huhn statt der Federn Schuppen vor, statt der Flügel Arme, Krallen und einen Reptilienschwanz – fertig ist der Mini-Dino.

Und doch leben heute Tiere, die von den Dinos abstammen: die Vögel! Das glauben jedenfalls viele Forscher. Manche behaupten, Vögel wären genau genommen nur Mini-Dinos. Auf den ersten Blick hat ein Vogel kaum Ähnlichkeit mit einem Dino, aber wenn ihr mal genauer hinschaut, könnt ihr Erstaunliches entdecken.

Als ein Vorfahre der heutigen Vögel gilt der Urvogel Archaeopteryx, übersetzt »altertümliche Feder«. Er hatte Federn wie ein Vogel, aber wie ein Dino Krallen, Zähne und einen Schwanz aus Knochen. Wissenschaftler sehen ihn als eine Art Zwischenwesen auf dem Weg vom Dino zum Vogel. Man vermutet, er habe sich aus kleinen Sauriern wie **Compsognathus** entwickelt.

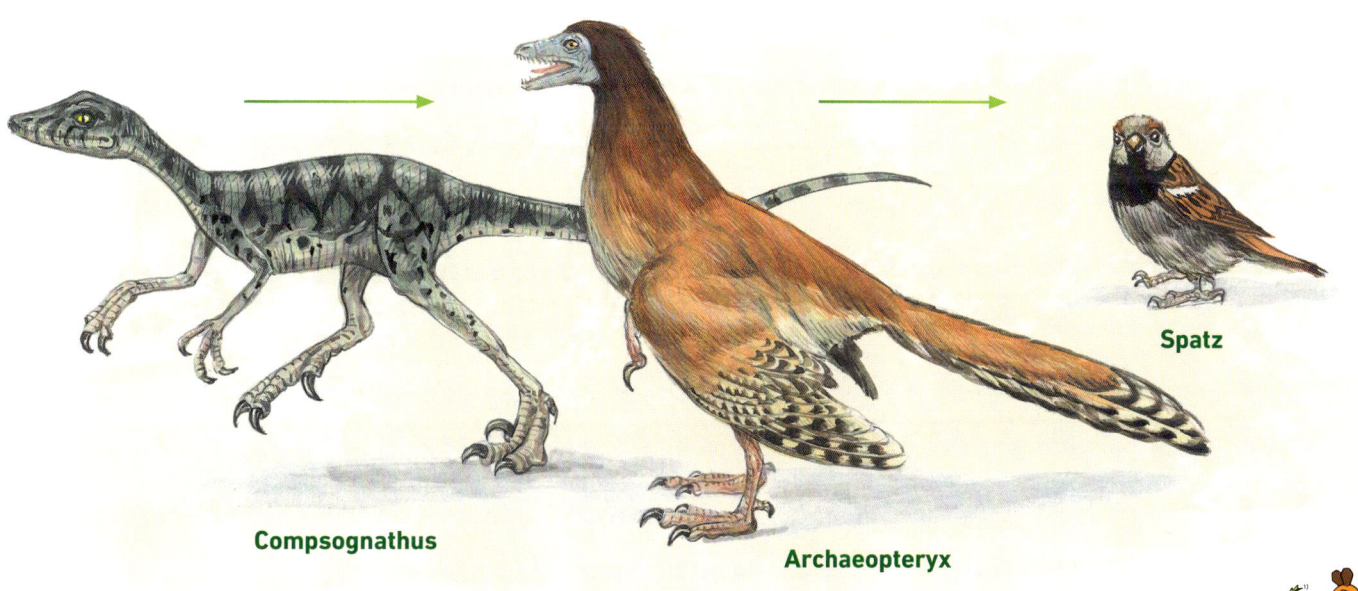

Compsognathus

Archaeopteryx

Spatz

Gibt es irgendwann vielleicht mal wieder Dinosaurier

Die gleichen Dinos wie vor 65 Millionen Jahren wird es nie wieder geben, denn es werden nie wieder die gleichen Lebensbedingungen auf der Erde herrschen.

Ein paar Wissenschaftler glauben, dass es irgendwann möglich sein könnte, Dinosaurier zu züchten. Dazu bräuchte man allerdings echtes Dinosaurierblut. Blutreste könnte man möglicherweise in uralten Mücken finden, die kurz vor ihrem Tod einen Dino gestochen haben. Sie hätten nach dem Stich dann direkt in einen Harzklumpen fliegen müssen, denn Harz kann mit der Zeit zu Bernstein versteinern und so eine Mücke für Millionen von Jahren haltbar machen.

Die meisten Wissenschaftler halten diese Möglichkeit für ausgeschlossen. Sie meinen, dass Blut unmöglich so lange überstehen kann. Außerdem: Wozu eigentlich Dinos erschaffen? Wer will schon einem lebendigen **Tyrannosaurus Rex** auf der Straße begegnen?

Eine Züchtung von Dinosauriern mithilfe von altem Dinoblut wird also kaum funktionieren. Aber wahrscheinlich wird man irgendwann das Erbgut heute lebender Tiere so verändern können, dass sie wie Dinos aussehen. Einige Forscher glauben, dass es in spätestens 100 Jahren möglich sein wird, ein Huhn zu züchten, das denselben Skelettaufbau wie ein kleiner Dinosaurier hat. Ein echter Dino entsteht dabei jedoch nicht, sondern nur ein Huhn, das so ähnlich aussieht wie ein Dino. Da stellt sich nur die Frage, wozu man eigentlich so ein Dinohuhn braucht ...

Eine in Bernstein eingeschlossene Mücke

Eine Gruppe von Forschern hat am Computer ein paar Zukunftsgeschöpfe entwickelt. In 100 Millionen Jahren könnten zum Beispiel krakenähnliche Kolosse oder Riesenschildkröten die Erde bevölkern. Solche Schildkröten könnten noch größer sein als Riesendinos.

Drachen haben in China eine besondere Bedeutung, sie stehen für Glück, Güte und Intelligenz.

Ist dir schon aufgefallen, dass Drachen oft so aussehen wie Dinos? Die Ähnlichkeit ist aber eher zufällig. Drachen sind in Wirklichkeit Fantasiekrokodile. Die ältesten Drachenbilder stammen aus China, dort leben sehr große Krokodile. Dinos kannte man damals noch nicht.

Zahlen und Fakten

Brachiosaurus

Argentinosaurus

0   10 Meter   20 Meter   30 Meter   40 Meter

Wer war der Längste?

Der längste bisher bekannte Dinosaurier ist **Argentinosaurus**. Dieser Pflanzenfresser wurde bis zu 40 Meter lang, acht Meter hoch und wog möglicherweise über 70 Tonnen, mehr als zehn große Elefanten. Damit war er auch einer der schwersten Dinos. Mit einer Höhe von über 13 Metern war **Brachiosaurus** allerdings fast doppelt so hoch wie Argentinosaurus.

Wer hatte die längsten Stacheln?

Die längsten Stacheln fand man bei dem Pflanzenfresser **Lexovisaurus**. Seine beiden Schulterstacheln waren über einen Meter lang – länger als ein Schwert.

Der größte versteinerte Dino-Fußknochen, den Forscher bisher gefunden haben, war 1 Meter lang. Vermutlich stammte er von einem Verwandten von Brachiosaurus. Einige Dinos hatten aber sicher noch viel größere Füße. Die größten bisher entdeckten Fußabdrücke waren 2 Meter lang.

Wer hatte die längsten Krallen?

Die längsten Dinokrallen, die man bisher gefunden hat, stammen von **Deinocheirus**, übersetzt »die schreckliche Hand«. Seine Arme waren über zwei Meter lang und endeten in drei fast 30 Zentimeter langen Krallen. Damit konnte er sich verteidigen und auch seine Beute perfekt greifen. Möglicherweise konnte er damit sogar ziemlich gut klettern.

Wer hatte das größte Maul?

Das größte Maul von allen Dinosauriern hatte wohl **Allosaurus**. Er konnte es nicht nur weit aufsperren, sondern auch noch zu den Seiten hin ausdehnen. So war er in der Lage, Fleischbrocken herunterzuschlucken, die fast so groß wie sein eigener Kopf waren.

Wer legte das größte Ei?

Eines der größten Dinosaurier-Eier, die man je gefunden hat, stammte möglicherweise von **Hypselosaurus**. Trotz seines Rieseneis gehörte er nicht zu den größten Dinosauriern. Er wurde wahrscheinlich nur 12 Meter lang.

 Dino-Ei (vermutlich Hypselosaurus): 30 cm hoch, 25 cm breit

 Heute legt das größte Ei der Vogel Strauß: 17 cm hoch, 13 cm breit.

Im Vergleich dazu: ein Hühnerei

Mauslexikon

Amphibien: Das Wort »Amphibie« stammt aus dem Griechischen und bedeutet »doppellebig«. Amphibien können nämlich sowohl an Land als auch im Wasser leben. Zu den Amphibien gehören unter anderem Frösche, Kröten und Molche. Ihre Eier oder Larven legen sie meist im Wasser ab. Die fertig ausgebildeten Tiere verlassen das Wasser, um ganz oder teilweise an Land zu leben.

Asteroid: Asteroiden umkreisen die Sonne wie Planeten, sind aber viel kleiner. Sie bestehen aus Gestein und Metall. Stößt ein Asteroid mit einem Planeten zusammen, hinterlässt er darauf einen Einschlagkrater. Wenn Asteroiden zusammenstoßen, treiben die Bruchstücke als Meteoroiden (Gesteinsbrocken) durchs All.

Echsen: Echsen gehören zur Gruppe der Reptilien. Zu ihnen zählen unter anderem Eidechsen, Leguane, Warane, Geckos und Chamäleons. Echsen haben fast alle vier Beine, eine trockene, schuppige Haut und lange Schwänze. Saurier heißt zwar übersetzt »Echse«, aber tatsächlich waren die Saurier nur entfernt mit den viel kleineren Echsen verwandt.

Fossilien: Fossilien sind Überreste oder Spuren von Pflanzen und Tieren der Urzeit. Das Wort »Fossilie« leitet sich vom lateinischen »fossilis« ab, das »ausgegraben« bedeutet. Fossilien befinden sich meist unter der Erdoberfläche und werden von Paläontologen vorsichtig ausgegraben. Fossilien können versteinerte Knochen oder Abdrücke von Tieren oder Pflanzen sein. Sie können aber auch entstehen, wenn Körper austrocknen oder von Harz oder Eis eingeschlossen werden.

Mineralien: Alle Gesteine, die es auf der Erde gibt, setzen sich aus Mineralien zusammen. Es gibt mehrere Tausend verschiedene Arten. Dazu gehören Kalk, verschiedene Salze, aber auch Stoffe, die wir Menschen zum Leben brauchen, wie Calcium, Magnesium oder Eisen.

Paläontologen: Das Wort »Paläontologie« stammt aus dem Griechischen und heißt übersetzt »die Lehre vom alten Leben«. Paläontologen erforschen die Entwicklung des Lebens auf der Erde vor Millionen und Milliarden von Jahren. Dabei beschäftigen sie sich mit allen möglichen Lebensformen, die sie anhand von Fossilien untersuchen: Tieren, Pflanzen und auch Kleinstlebewesen wie Bakterien, Pilzen oder Algen.

Reptilien: Das Wort »Reptil« kann man mit »Kriechtier« übersetzen. Viele Reptilien bewegen sich kriechend vorwärts. Zu den Reptilien gehören Schildkröten, Krokodile, Echsen und Schlangen. Auch Saurier werden zu den Reptilien gezählt. Reptilien haben meist eine schuppige oder gepanzerte Haut und atmen mit Lungen. Die meisten leben auf dem Land und legen dort auch ihre Eier ab.

Säugetiere: Säugetiere haben sich erst nach dem Aussterben der Dinosaurier richtig ausbreiten können. Zu ihnen gehören heute fast 6.500 verschiedene Arten – Pferd, Hund, Maus, Tiger, Känguru, Wal und viele andere, übrigens auch der Mensch. Sie legen bis auf wenige Ausnahmen keine Eier, sondern bringen ihre Jungen lebend zur Welt. Säugetiere heißen sie, weil sie ihre Jungen mit Milch säugen.

Das Dino-ABC

Hier könnt ihr nachlesen, was die merkwürdigen Namen der Dinosaurier bedeuten. Die meisten stammen aus dem Lateinischen und Griechischen.

Allosaurus 12, 21, 28, 53
»andere Echse«

Ankylosaurus 22, 29
»versteifte Echse«

Apatosaurus 9, 37
»Trug-Echse«, hieß früher auch Brontosaurus (»Donner-Echse«), bis man herausfand, dass es sich bei Brontosaurus und Apatosaurus um ein- und denselben Dinosaurier handelt

Argentinosaurus 52
»Echse aus Argentinien«

Barosaurus 14/15
»schwere Echse«

Brachiosaurus
14/15, 20/21, 24/25, 42, 52
»Arm-Echse«, wegen seiner sehr langen Vorderbeine

Centrosaurus 29
»Stachel-Echse«

Coelophysis 20
»Hohlkörper«, weil er teilweise hohle Knochen hatte

Compsognathus 16/17, 21, 49
»zierlicher Kiefer«

Corythosaurus 13, 22
»Helmechse«

Deinocheirus 53
»schreckliche Hand«

Deinonychus 22, 26/27, 29, 31
»Schreckenskralle«

Diplodocus 14/15, 21
»Doppelbalken«, wegen der eigenartigen Form seiner Schwanzwirbel

Edmontosaurus 35, 47
»Echse aus Edmonton«, benannt nach dem Fundort in Kanada

Eoraptor 20
»Jäger der Morgendämmerung«

Gallimimus 5
»Hähnchen-Nachahmer«

Gryposaurus 5
»Hakennasen-Echse«

Hypselosaurus 53
»Hochrücken-Echse«

Iguanodon 7
»Leguanzahn«

Incisivosaurus 40
»Schneidezahn-Echse«

Irritator 4
»der Ärgernde«

Lambeosaurus 24
»Lambes Echse«, nach dem kanadischen Dinosaurierforscher Lawrence M. Lambe

Lexovisaurus 52
»Lexovix-Echse«, nach einer alten keltischen Volksgruppe in Lyon/Frankreich, wo der Dino gefunden wurde

Maiasaurus 32/33
»Gute-Mutter-Echse«, weil sich der Saurier ausgiebig um seine Jungen kümmerte

Megalosaurus 6/7
»große Echse«

Mei long 17
»schlafender Drache«

Melanorosaurus 20
»schwarze Berg-Echse«

Microraptor 16/17
»kleiner Räuber«

Pachycephalosaurus 45
»dickköpfige Echse«

Parasaurolophus 34/35
»neben der Kammechse«, weil er erst zehn Jahre nach Saurolophus, der »Kammechse«, entdeckt wurde

Plateosaurus 20
»platte Echse«

Saurolophus 26/27
»Kammechse«

Stegosaurus 11, 21, 28/29, 45
»Dach-Echse«, wegen der Knochenplatten auf seinem Rücken, die Ähnlichkeit mit Dachziegeln haben

Struthiomimus 36
»Straußen-Nachahmer«

Styracosaurus 29
»stachelige Echse«

Torosaurus 46/47
»durchlöcherte Echse«

Triceratops 8/9, 11, 22, 29, 44
»Gesicht mit drei Hörnern«

Troodon 44/45
»Wunden reißender Zahn«, weil ein kleiner Zahn lange das einzige Fossil war, das man von ihm kannte

Tsintaosaurus 13
»Echse aus Tsintao«

Tyrannosaurus Rex 10, 22, 25, 29, 30/31, 33, 42, 44/45, 49, 50
»König der Tyrannenechsen«

Velociraptor 26/27, 31
»schneller Räuber«

Mit der Maus die Welt entdecken!

  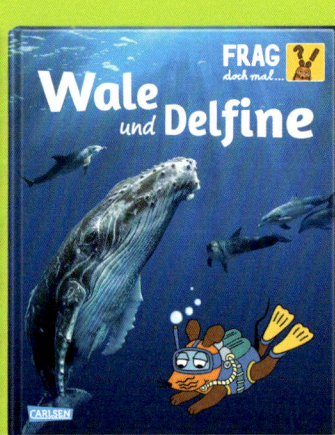

 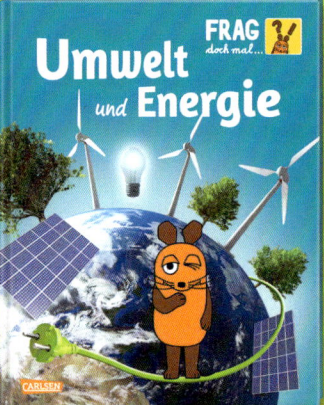 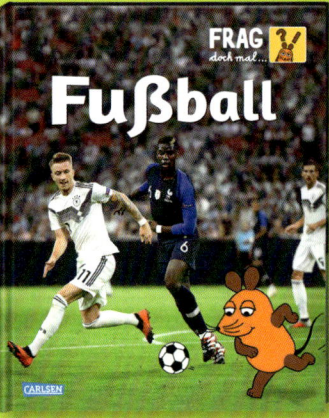 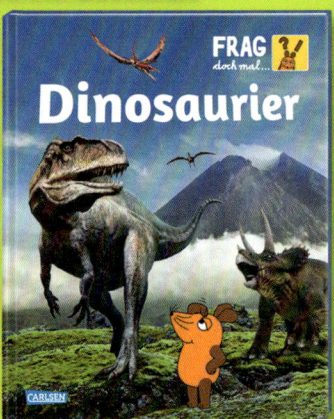

Die Sachbuchreihe ab 8 Jahren | Jeweils für € (D) 14,99 | € (A) 15,50

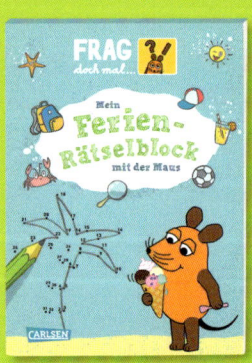   

Ab 7 Jahren
€ (D) 5,99 | € (A) 6,20

Ab 8 Jahren
€ (D) 15,– | € (A) 15,50

Tagesabreißkalender
Ab 5 Jahren
ERSCHEINT IM JUNI 2020
€ (D) 9,99 | € (A) 10,10

www.carlsen.de